Catalogue

des

MARBRES

Grès, Faïences, Terres cuites

œuvres de

L. MADRASSI

dont la vente aura lieu

HOTEL DROUOT

Salle n° 1

LE MERCREDI **24** MARS 1897

à 3 heures précises

Exposition Publique, Mardi 23 Mars 1897, de 1 h. 1/2 à 6 heures

---

<table>
<tr><td>M. JULES PLAÇAIS
Commissaire-Priseur
29, rue Maubeuge</td><td>M. A. BLOCHE
Expert près la Cour d'Appel
28, rue de Châteaudun, 28</td></tr>
</table>

chez lesquels se trouve le Catalogue illustré

CONDITIONS DE LA VENTE

Elle sera faite au comptant.

Les Acquéreurs paieront, en sus des enchères, CINQ POUR CENT applicables aux frais de vente.

L'exposition mettant le Public à même de se rendre compte de l'état des Objets, il ne sera admis aucune réclamation une fois l'adjudication prononcée.

L. MADRASSI

... « Quel prestigieux artiste que Carrier-Belleuse!
me contait Madrassi; un jour j'étais derrière lui
tandis qu'il modelait, simplement avec les doigts,
sans spatule ni ébauchoir, une tête de jeune fille;
je voyais la masse de terre se transformer peu à peu,
la figure exquise de suavité apparaître et se fixer
définitivement; c'était si beau cette rapide exécution, que lorsqu'il eut terminé et qu'il se retourna
vers moi, j'avais les yeux pleins de larmes. »

Sans nuire à l'originalité d'un artiste, il est permis
de l'apparenter à quelque maître précédent; la for-
mule passionnée, libertine, voluptueusement sen-
suelle de Clodion, — déjà assagie par Carrier-Belleuse sans aucunement perdre de son élégance et de
son charme à fleur de chair, se spiritualise avec
Madrassi, descend de la furieuse fièvre d'amour à la
sentimentalité douce, presque chaste, le sculpteur
idyllique, loin des spasmes tragiques d'un Rodin, se
contente de chanter un art jeune et gracieux.

A l'intimité étroite de nos demeures actuelles, à
la tiédeur étoffée des boudoirs, à la clarté mi-close
et troublante des chambres à aimer, au décor plus
somptueux des salons encombrés de bibelots, ses
figurines conviennent bien, ses figurines de marbre
virginal, d'une exécution parfaite, d'une joliesse
ensorcelleuse, d'un art décoratif impeccable.

Que ce soit cette rampe d'escalier imaginée pour
l'hôtel d'un milliardaire franco-américain, ces
cache-pots formés par des têtes rappelant la Renais-
sance, cette pendule Louis XV dont le style scrupu-
leusement observé s'ornemente d'un frisson de

modernité, ces candélabres et ce service de table, ce vase d'étain orné d'une effigie féminine discrètement indiquée en haut-relief, ces ferronneries d'art ingénieusement appliquées aux éclairages électriques, ces faïences auxquelles Lachenal a collaboré avec sa palette de céramiste-poète; que ce soit *Ève*, *Diane*, *Phryné*, *Ariane*, *Cornélie* même que l'on verra au salon de cette année; que ce soit l'*Enlèvement*, la *Chanson des rues*, la *Vague*, les *Fleurs d'eau*, le *Soleil couchant*, *Vox populi*, le *Toast*, la *Rosée*, la *Cigale*, etc., L. Madrassi ne se départit jamais d'une esthétique de bon aloi, et alliciante autant qu'en les menus chefs-d'œuvre du dix-huitième. Il sait créer de délicieuses statuettes, des compositions séductrices, des groupes harmonieux; quelques-uns, comme *Retour des champs* et la *Cruche cassée* sont légendaires.

Praticien scrupuleux, il est lui-même son propre ouvrier, et la parfaite exécution de ses marbres n'est pas louange vaine. Il y a dans chacune de ses œuvres la touche de l'artiste, la morsure du ciseau du maître, — maître gracieux pour employer l'expression usitée en faveur des Eisen, des Frago, dont le sourire poudrerizé s'est éteint dans la sanglante aventure de la Révolution.

L. Madrassi, dont le labeur assidu, incessamment renouvelé, vaut qu'on le constate et l'admire, obéit aux sollicitations nombreuses à lui faites de toutes parts, et consent que le vent des enchères emporte par le monde les jolis nuages blancs de son atelier.

Aussi, c'est à l'Hôtel, un rayon de soleil qui luit, une efflorescence de printemps qui embaume, — une aubaine qui passe.

Maurice Guillemot.

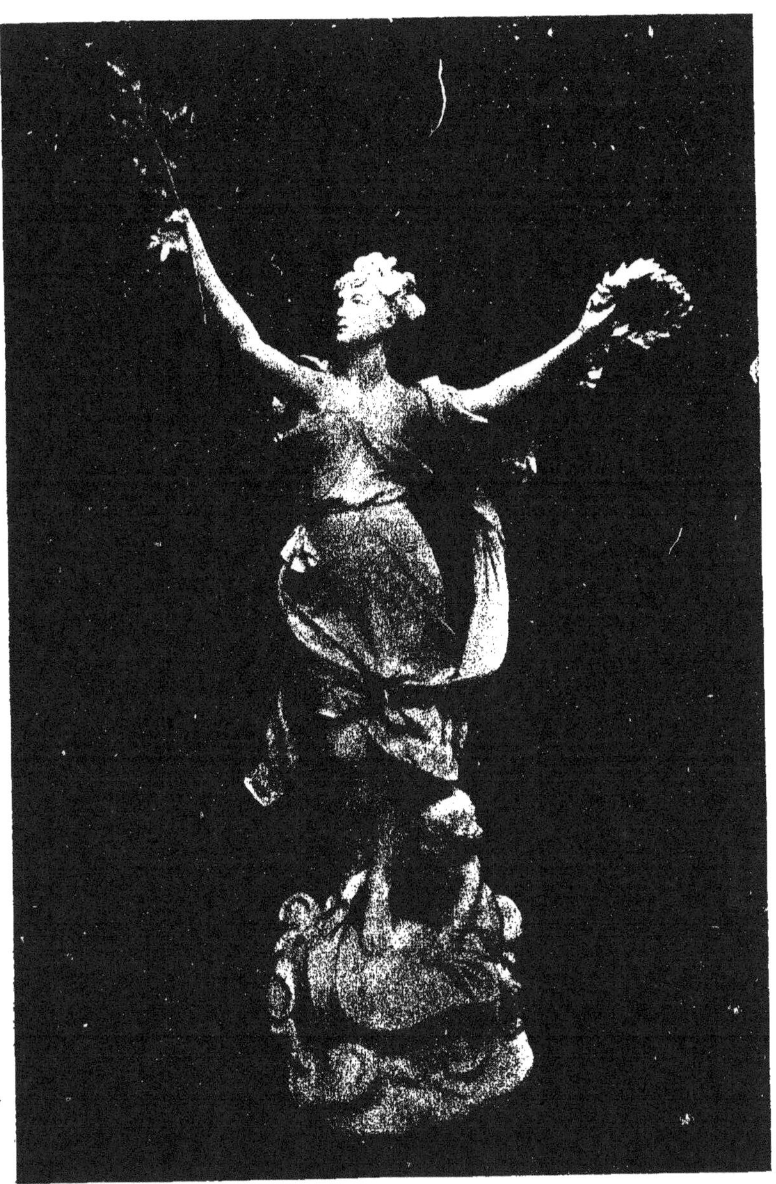

No 1. La Paix.

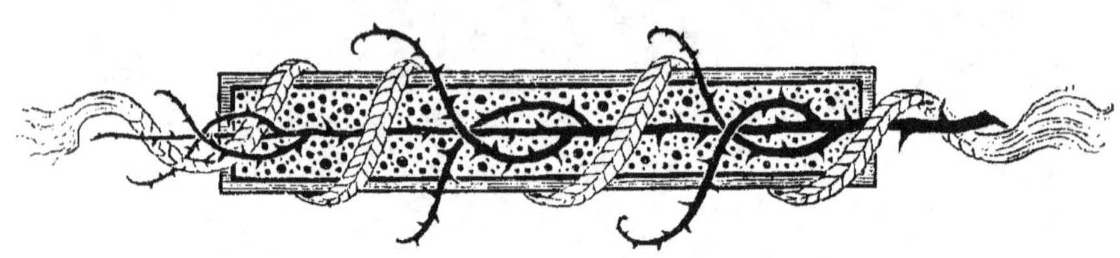

Catalogue

1. — **La Paix.**
   Groupe en marbre, branche argent.

2. — **Soleil couchant.**
   Groupe en marbre.

3. — **Cigale.**
   Faïence.

4. — **Passage du Gué.**
   Groupe en marbre.

5. — **La Source.**
   Statuette terre cuite.

6. — **Triomphe de la Jeunesse.**
   Groupe en marbre.

7. — **Premier bijou.**
   Demi-figure bronze.

8. — **Grand vase décoratif.**
   Groupe en marbre.

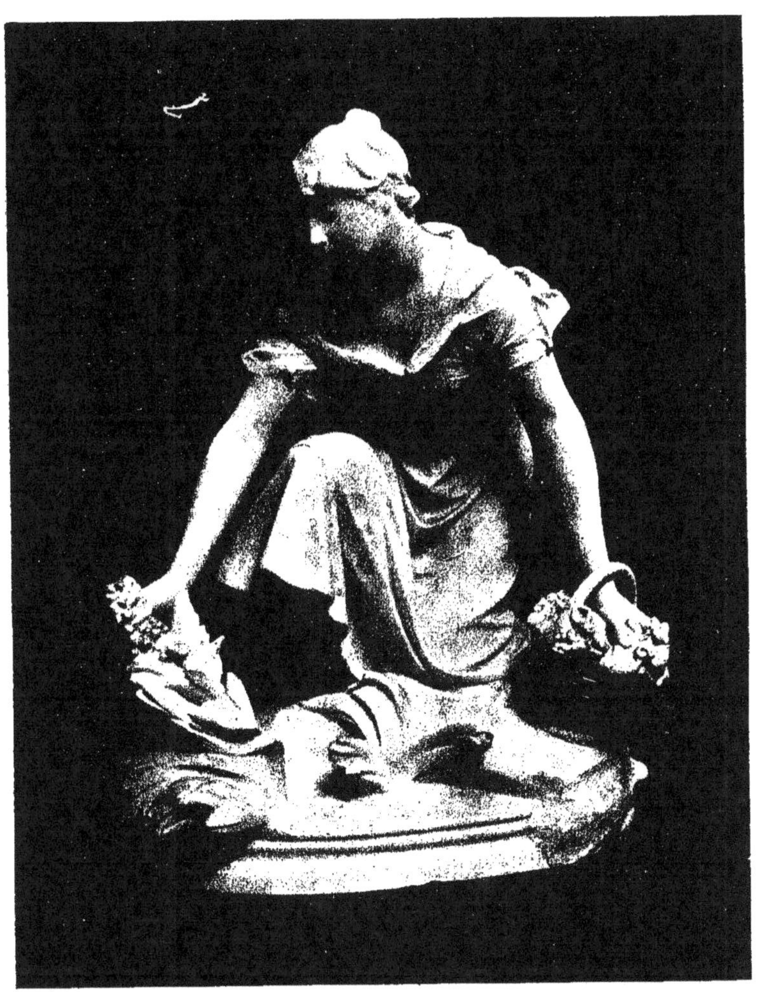

Nᵒ **18**. — Fleurs d'eau.

9. — **La vigne.**
Cache-pot faïence.

10. — **Diane avec arc.**
Groupe en marbre avec bronze doré.

11. — **L'Avare.**
Grès, cassette en bois.

12. — **Rêve d'amour.**
Groupe en marbre.

13. — **Bonjour.**
Statuette faïence.

14. — **Déclaration.**
Groupe en marbre.

15. — **Enlèvement.**
Groupe en marbre, socle onyx.

16. — **Ariane.**
Groupe en marbre.

17. — **Fileuse.**
Groupe terre cuite.

18. — **Fleurs d'eau.**
Statuette en marbre.

19. — **Orient.**
Buste en marbre.

20. — **Le Jour.**
Buste en marbre.

21. — **La Nuit.**
Buste en marbre.

22. — **Saint Jean.**
Buste faïence.

23. — **Stentor.**
Masque étain.

24. — **La Jeunesse.**
Buste en marbre.

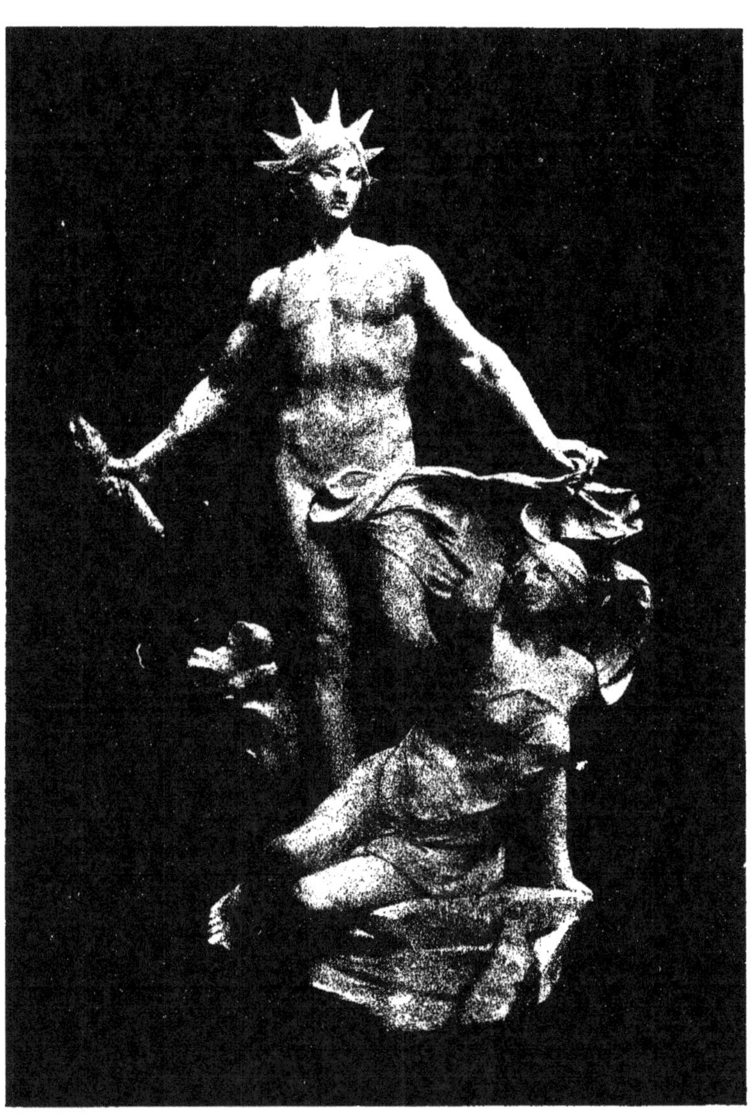

No 2. — Soleil couchant.

25. — La Vigne.
   Statuette en marbre.

26. — Les Hirondelles.
   Statuette terre cuite.

27. — Un gros chagrin.
   Statuette en marbre.

28. — Vox populi.
   Marbre, palmes argent.

29. — La Chanson des rues.
   Statuette en marbre.

30. — La Danse de village.
   Statuette en marbre.

31. — L'Hiver.
   Statuette en marbre.

32. — Hébé.
   Vase étain.

33. — Foi, Espérance, Charité.
   Statuette en marbre.

34. — Vase.
   Statuette en marbre.

35. — Vase.
   Statuette en marbre.
   Ces deux marbres forment pendants.

36. — Bravo.
   Statuette en marbre.

37. — Eve.
   Statuette en marbre.

38. — La Rieuse.
   Buste faïence.

39. — Prélude.
   Statuette en marbre.

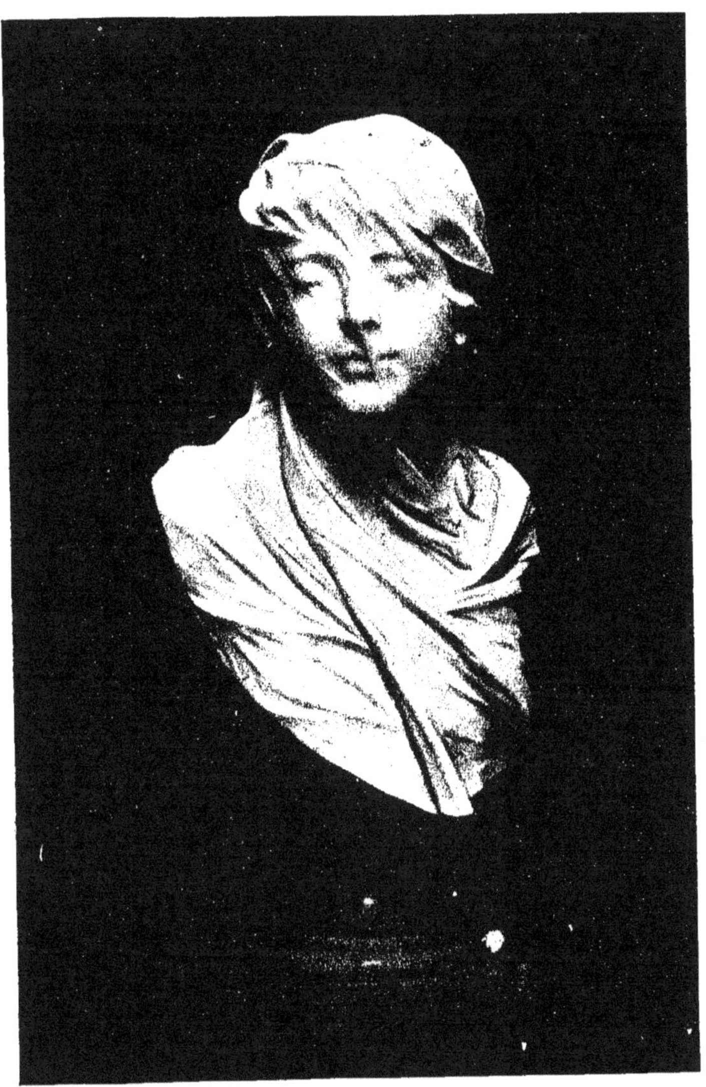

No **21**. — La Nuit.

40. — Les Baisers du matin.
Groupe en marbre.

41. — Le miroir.
Groupe en marbre.

42. — Zephyr réveille la terre.
Groupe en marbre, cache-pot.

43. — Premier baiser.
Groupe en marbre, cache-pot.

44. — La Foi.
Statuette en marbre.

45. — Diane.
Groupe en marbre.

46. — Le Repos.
Buste en marbre.

47. — Charlotte Corday enfant.
Buste en marbre.

48. — Dame Romaine.
Statuette terre cuite.

49. — Le Baiser.
Haut-relief faïence.

50. — Liseron.
Statuette en marbre.

51. — Ophélie.
Buste en marbre.

52. — Rose et Papillon.
Buste en marbre, papillon argent émail rubis.

53. — Nymphe endormie.
Statuette en marbre.

54. — L'Été.
Statuette en marbre.

55. — Phryné.
Statuette en marbre.

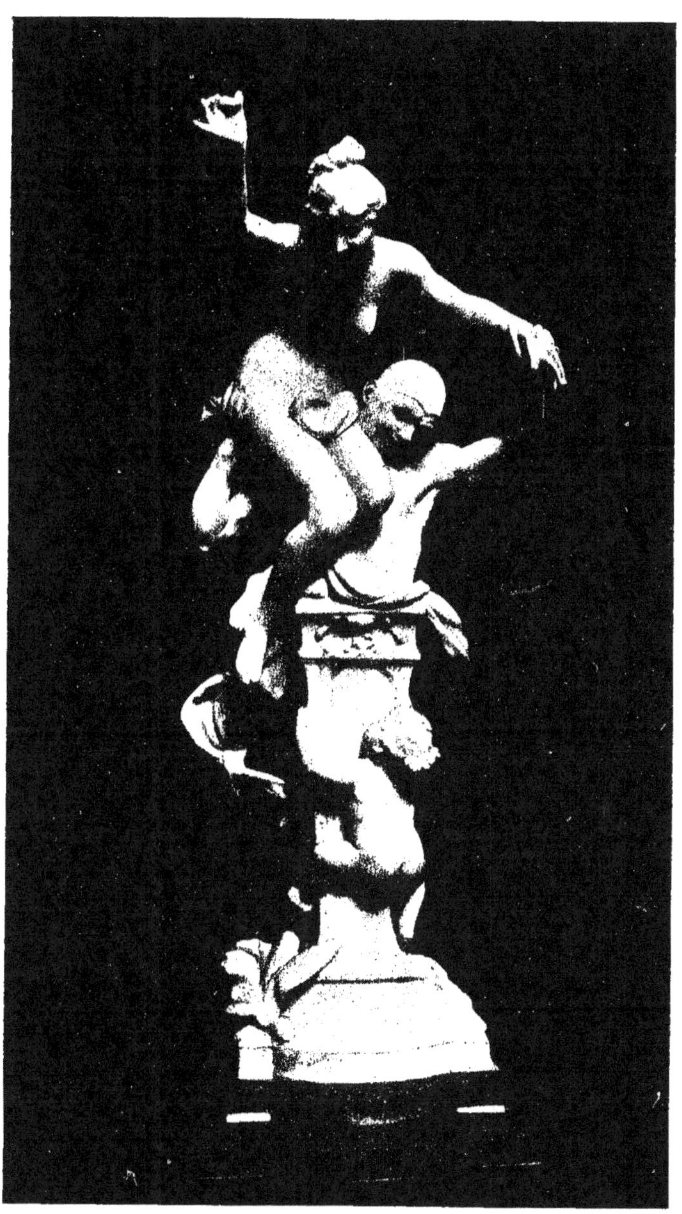

Nᵒ 15. — Enlèvement.

56. — Aux champs.
    Groupe en terre cuite.

57. — L'Automne.
    Statuette en marbre.

58. — Colin-Maillard.
    Statuette en marbre.

59. — Joyeuse.
    Buste en marbre.

60. — Amour à l'affut.
    Statuette en marbre.

61. — Evocation.
    Statuette en marbre.

62. — Les Souhaits.
    Haut-relief en marbre.

63. — La Rosée.
    Statuette en marbre.

64. — Le Toast.
    Statuette en marbre.

65. — L'Etoilé.
    Statuette terre cuite.

66. — Buveur.
    Statuette terre cuite.

67. — Occident.
    Buste en marbre.

68. — Bonjour.
    Groupe en marbre, œuvre unique.

69. — Nuit Etoilée.
    Buste en marbre.

70. — Hésitation.
    Groupe terre cuite.

71. — Marquise.
    Buste en marbre.

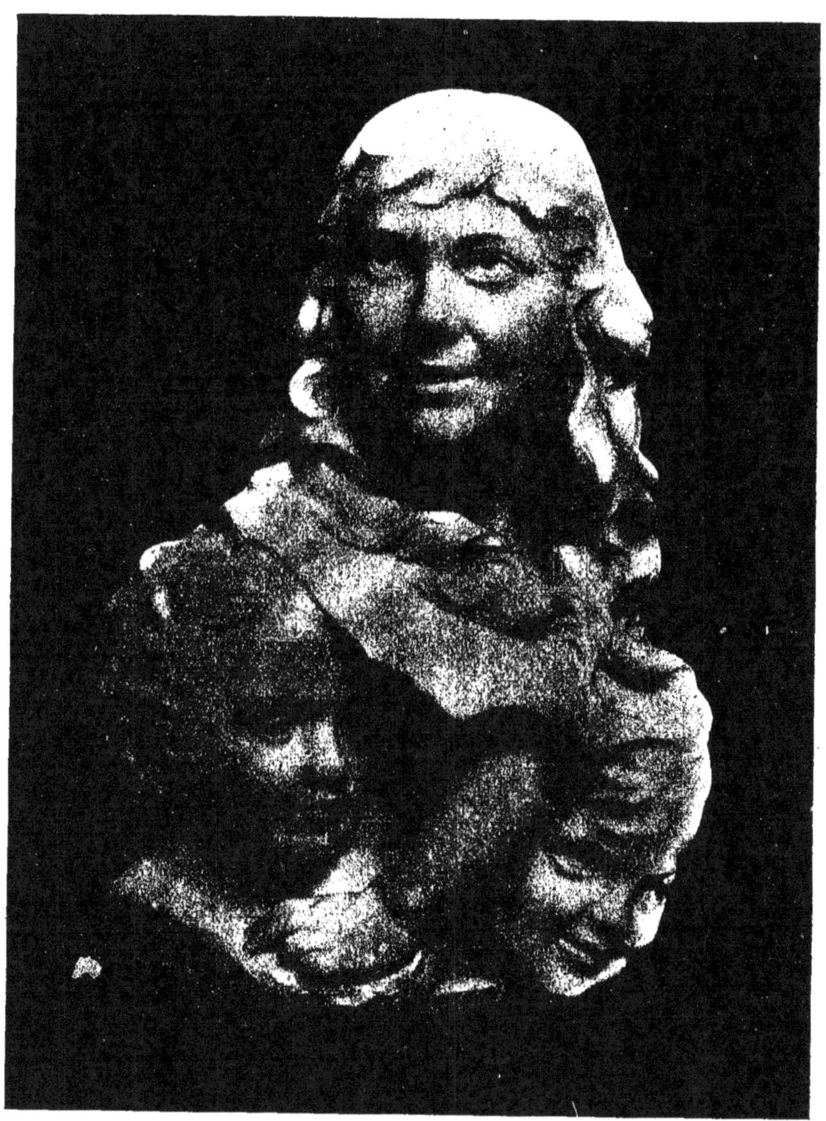

N⁰ **68.** — Bonjour.

72. — Console.
   Marbre décoratif.

73. — Un Philosophe.
   Faïence.

74. — Maternité.
   Groupe terre cuite.

75. — Bonheur.
   Buste terre cuite.

76. — Printemps.
   Statuette terre cuite.

77. — Sous ce numéro plusieurs ouvrages en toutes
   matières, esquisses, projets, etc.

Imp. A. Gautherin, 131, rue de Vaugirard, Paris.